AF243290

LETTRES

DES DIVERSES SOCIÉTÉS

DES AMIS DE LA CONSTITUTION,

Qui réclament les droits de Citoyen actif en faveur des hommes de couleur des Colonies.

Lettre de la Société des Amis de la Constitution de Saint-Etienne à celle d'Angers.

Le 3 avril 1791, et de la liberté l'an 2e.

FRERES ET AMIS,

Vos vues sont trop louables et votre adresse trop remplies du plus pur patriotisme, pour que nous ne nous empressions pas d'y adhérer. Oui : c'est à un peuple de souverains qu'il appartient de faire jouir de leurs droits les plus sacrés, une classe d'êtres infortunés, qui, quoique propriétaires, ne peuvent participer au doux plaisir d'être citoyens. Ils sont hommes comme nous, et comme nous ils méritent de jouir de tous les droits de la société.

Votre lettre, frères et amis, fait honneur à votre humanité et à votre patriotisme : toutes vos démarches, toutes vos actions ne tendent qu'à un seul but, le bonheur général.

Recevez les sentimens de la plus parfaite cordialité, avec lesquels nous sommes,

FRÈRES ET AMIS,

Les amis du club central de Saint-Etienne.
signés, RICHARD, *président*, PIGNON, *secrétaire*.

A

Lettre de la Société des Amis de la Constitution de Montauban à celle d'Angers.

Montauban, le 30 mars 1791, et l'an 2e de notre liberté.

FRÈRES ET AMIS,

Nous avons reçu votre lettre du 9 mars courant, et nous ne pouvons qu'applaudir à votre zèle pour l'humanité. Vous défendez sa cause, en écrivant en faveur des hommes de couleur libres de nos colonies; et votre adresse à l'assemblée nationale, tend à une exécution entière et parfaite de la constitution relativement à la déclaration des droits de l'homme et du citoyen. Nous vous remercions, frères et amis, des instructions que vous nous avez données à ce sujet : nous en avons fait usage; et à votre exemple, nous avons fait une adresse à l'assemblée nationale pour le même objet. Le bien public doit s'opérer de deux manières ; et en arrêtant les entreprises des ennemis de la constitution; et en protégeant ceux qui demandent à jouir de ses bienfaits.

Nous sommes très-sincèrement,

FRERES ET AMIS,

Vos très-affectionnés serviteurs, les membres de la société des amis de la constitution.

signés, PATEL, *président*; GAUTIER, *secrétaire* ; COMTAU, *secrétaire* ; SAINT-GENIÉS, *secrétaire.*

Lettre de la Société des Amis de la Constitution de Bourg en Bresse à celle d'Angers.

Bourg, chef-lieu du département de l'Ain, 17 avril 1791, l'an 2e de notre liberté.

FRÈRES ET AMIS,

Vous plaidez la cause de nos frères les hommes de couleur libres dans nos colonies, avec trop d'humanité et de justice, pour que la société des amis de la constitution séante dans cette ville, n'aie aussi-tôt pris l'engagement de joindre ses voeux les plus sincères à ceux que vous nous exprimez dans votre lettre du 9 mars dernier, à vos frères de toutes les sociétés patriotiques du royaume.

Vos principes sont si lumineux et dérivent si fort de la déclaration des droits de l'homme et du citoyen, qu'il y auroit à rougir de ne pas les adopter, et de ne pas les représenter sous toutes les formes à nos augustes législateurs. Quoiqu'il nous soit impossible de revêtir vos principes d'un style aussi beau et énergique que celui qui caractérise votre adresse à l'assemblée nationale, la société se fait un devoir de rédiger une pétition selon vos désirs, en faveur des François qui n'ont d'autre démérite que d'être d'une couleur plus foncée que les Européens. . . . .

Nous sommes très-cordialement,

FRERES ET AMIS,

Les membres du comité de correspondance, au nom de la société. *signés*, LOI, *président*; IMBERT, *secrétaire*; BUJET, ENJORRANS fils.

Lettre de la société des amis de la constitution de Saint-Tropez à celle d'Angers.

Saint-Tropez, le 30 mars 1791, l'an 2ᵉ.

FRERES ET AMIS,

Nous avons reçu votre lettre du 9 mars au sujets des hommes de couleur, elle a retracé, à plusieurs de nos marins qui sont membres de notre société, les vexations dont ils avoient été souvent les témoins dans leurs voyages en Amérique, et tous, nous avons partagé votre sainte indignation; tous, nous avons été pénétrés des maux, qui cause encore l'ignorance du principe sacré de l'égalité des hommes. Ce n'est pas une différence dans leur conformation et dans leur couleur extérieure, qui peut altérer ce principe de la nation, et tous les amis de l'humanité, pénétrés de toute l'étendue de ce principe, gémissent sans doute de voir préparer, même dans ce siecle de lumieres, une transaction dont les negres seront le prix; mais lorsqu'on ne peut obtenir le mieux; il faut au moins se contenter du bien, et si nous ne pouvons rendre la liberté aux negres, n'oublions rien pour la rendre aux gens de couleur : ce sera un triomphe au lieu de deux que nous eussions ambitionnés.

Nous vous adressons l'adhésion de notre société, afin que vous la fassiez passer à l'assemblée nationale.

Nous sommes très-fraternellement,

FRERES ET AMIS,

Les membres de la société des amis de la constitution de S. Tropez. *Signés*, TOURNEL, *président* ; THOMÉ, *secrétaire* ; BLANNIN, *secrétaire*.

Extrait des registres de la société des amis de la constitution de Saint-Tropez.

Le 27 mars 1791, l'an II. de la liberté, les membres de la société des amis de la constitution et de la liberté de S. Tropez, se sont réunis dans le lieu ordinaire de leur séance.

M. le président a ouvert la séance, etc.

L'ordre du jour amenant la discussion sur les gens de couleur, l'assemblée ayant oui lecture de la lettre de la société d'Angers, considérant que l'égalité des hommes est un droit imprescriptible, indépendant de leur or·ganisation extérieure, et que ce principe de la nature, immuable comme elle, n'a besoin que d'être énoncé, pour être senti de tous les coeurs droits et vertueux, considérant qu'on ne peut rien ajouter à la manière touchante et solide avec laquelle il est développé, dans la lettre de la société d'Angers, et que depuis long-temps les amis de l'humanité gémissent des vexations qu'éprouvent les gens de couleur, a unanimement adhéré de coeur et d'ame à la réclamation de la société d'Angers, et délibéré de lui adresser un extrait de la présente, pour être envoyé à l'assemblée nationale. Collationné conforme à l'original.

Signés, THOMÉ, *secrétaire* ; BLANVIN, *secrétaire*.

Lettre de la société des amis de la constitution de Verneuil à celle d'Angers.

Verneuil, département de l'Eure, 1791, 18 mars.

FRERES ET AMIS,

UNIS de coeur et d'esprit à tous les vrais patriotes, nos principes ne peuvent être différens des leurs. Les droits de l'homme, voilà notre boussole voilà notre fanal, voilà la règle de notre conduite, voilà ce que nous avons juré de défendre jusqu'au dernier soupir. Nous nous joignons donc avec le plus vif empressement à vous, pour demander que l'assemblée nationale décrète l'activité des hommes de couleur. Nous sentons de quelle impor- tance est ce décret, que nos représentans ne peuvent refuser, sans tomber dans la contradiction la plus monstrueuse. Soyez certains, que vous nous trouverez toujours prêts à concourir de toutes nos facultés au bien général.

Nous sommes avec le dévouement le plus entier,

V O S   F R E R E S   E T   A M I S ,

Les membres de la société séante à Verneuil.

Signés, Darius le jeune, *président*, *homme de loi* ; Lair , *du comité de correspodance* ; le Bel , *vice-secrétaire* ; Avenel , *du comité de cor- respondance* ; Tramblay , *du comité de correspondance* ; et L. Rotrou , *du comité de correspondance.*

Autre lettre de la même société à celle d'Angers.

Verneuil, département de l'Eure , 9 avril 1791 , l'an 2e de la liberté.

FRERES ET AMIS,

Nous avons lu hier 8 , séance tenante, l'ouvrage que vous nous avez adressé, Il a paru généralement à toute la société tel qu'il est en effet , composé avec beaucoup d'ordre, de jugement et d'esprit. Les raisonnemens sont précis et serrés au point que nous ne concevons pas comment on peut y répondre. Nous vous prions d'exprimer à celui de vos membres qui est auteur de cette exellente production toute la satisfaction qu'il nous a pro- curé. Ne nous décourageons pas , freres et amis , par les obstacles toujours renaissans que l'orgueil oppose à notre humanité pour les gens de couleur. Nos représentans sont justes , et les sons harmonieux de la justice étouffe- ront enfin les cris cacophoniques de l'ambition.

Nous sommes avec les sentimens de la plus sincère fraternité et du plus parfait dévouement,

F R E R E S   E T   A M I S ,

Les vôtres , de la société des amis de la constitution de Verneuil.

Signés, L. Rotrou, *ancien président, et du comité de correspondance;* Darius l'aîné , *homme de loi.*

Lettre de la société des amis de la constitution de Bordeaux à celle d'Angers, sur la nécessité de donner aux hommes de couleur les droits de citoyens actifs.

Bordeaux, le 22 mars 1791, l'an 2ᵉ de la liberté.

FRERES ET AMIS,

Nous avons été frappés comme vous, de la prétention de quelques planteurs blancs de S. Domingue. Notre société et la chambre de commerce de notre ville ont reçu la longue lettre des députés de la province du Nord, et l'invitation d'appuyer leur demande auprès de l'assemblée nationale. Tous les vrais amis de la constitution, de la liberté et du bonheur des colonies ont gémi de l'acharnement avec lequel ces députés sollicitent un décret qui prive les hommes de couleur libre du droit de citoyen, un décrot qui rend leur sort pire que sous le despotisme, puisque, par l'édit de 1685, ils avoient le droit égal de jouir de toutes les faveurs de ce qu'on appelloit alors *liberté*. Nous avons senti le piège qu'on tendoit à la bonne foi des négocians et des manufacturiers, en affectant de confondre la cause des hommes de couleur libres avec l'esclavage des noirs, pour obtenir leur assentiment. Nous avons dégagé la demande des planteurs blancs des déclamations dont ils l'avoient entourée, pour effrayer quiconque oseroit y toucher, et nous avons vu qu'elle ne tendoit qu'à rendre les colonies presque indépendantes de la métropole, à la faveur d'une initiative contraire à une constitution représentative, et à y établir les distinctions funestes que nous cherchons à abolir dans la métropole. Qu'en un mot, comme vous le dites, on vouloit faire sanctionner une révolution dans le sens opposé à la nôtre. Aussi n'avons-nous émis aucun voeu en faveur de cette étrange prétention ; et comme nous ne l'avons considérée que comme l'excès du délire de l'orgueil, luttant contre les loix et les principes de l'éternelle justice, nous nous sommes contentés de faire connoître à MM. les députés de la province du nord de Saint-Domingue, que, fidèles à nos principes, nous ne pouvions nous réunir à eux, en leur faisant sentir la distance énorme qui existe entre leurs sentimens et les nôtres. Nous n'avons pas cru qu'il fût nécessaire de faire d'autres démarches, parce que les droits de citoyen sont assurés et confirmés aux hommes de couleur libres par le décret du 8 mars de la dernière année, et l'instruction du 28, malgré tous les commentaires des planteurs blancs , et que nous sommes bien convaincus que nos sages législateurs ne se prêteront pas à la modification que réclament , sans en vouloir peser les désavantages , les députés de la province du Nord de S. Domingue. Telle a été notre conduite , frères et amis , dans cette circonstance, et tels en sont les motifs. Voyant qu'on agissoit à S. Domingue comme si les droits des hommes de couleur libres avoit reçu quelque atteinte, vous avez pensé , sans doute , qu'ils n'étoient pas bien solidement établis. C'est une erreur , frères et amis , que les planteurs blancs ont eu l'adresse de faire propager ; la manière dure et cruelle dont on les traite est une prévarication , un attentat à la liberté , et une désobéissance à la loi; mais votre zèle à défendre leur cause ne leur est pas moins utile pour cela : il doit servir beaucoup pour provoquer une protection efficace aux hommes de couleur libres , et leur assurer l'exercice de leurs droits. C'est séconder les désirs et les voeux de tous ceux qui aiment sincérement la liberté et l'humanité.

Nous sommes très-cordialement vos frères et amis,

Les membres de la société des amis de la constitution. *signés*, LANGOISAN, prêtre, *président*; R. MARGOT, *secrétaire*; BLONDEL, *secrétaire* ; LAMARQUE . *secrétaire*.

Lettre des amis de la constitution de Fougeres à ceux d'Angers.

Fougeres , département de l'Isle et Vilaine , le 19 mars 1791 , et l'an 2e de notre liberté.

FRÈRES ET AMIS,

LA société des amis de la constitution, établie à Fougeres, a reçu la lettre circulaire que vous avez adressée à toutes les sociétés patriotiques du royaume, concernant le sort des hommes de couleur libres ; il en a été donné lecture dans la séance du 17 de ce mois, et après les applaudissemens que vous méritent la force et l'énergie avec laquelle vous plaidez la cause de cette classe malheureuse ; elle a unanimement arrêté d'adhérer à votre pétition , et de la recommander aux soins et aux efforts de la société centrale. L'adresse que vous l'invitez à faire pour le même objet , ne pourroit jamais opérer la même conviction que la vôtre, elle n'auroit rien à ajouter à la solidité de vos principes, ainsi elle a préféré une adhésion pure et simple.

Nous sommes avec les sentimens d'admiration dus à votre patriotisme et à votre générosité.

Frères et amis,

Vos très-affectionnés serviteurs, les amis de la constitution. *signés*, Martin, *président*, Jumelais, *secrétaire*, et P. le Breton, *secrétaire*.

Lettre de la société des amis de la constitution de Pontarlier à celle d'Angers.

Pontarlier, le 20 mars 1791, l'an 2ᵉ.

Frères et amis,

Dès les premiers momons qu'on a cherché à abuser l'assemblée nationale sur les vrais intérêts de nos colonies, nous avons été indignés comme vous contre les perfides qui travaillent ainsi à nous les faire perdre ; le principe de l'égalité s'oppose à leurs détraction. L'humanité doit prévaloire dans un état libre comme le nôtre, et quoique nous faisions part, de nouveau, de nos craintes à nos freres des Jacobins, afin de les intéresser chaudement à adresser le voeu général au corps législatif, de faire jouir dans cet instant les sang mêlés ou les mulâtres, propriétaires dans nos îles, de tous les droits accordés aux citoyens par notre constitution, nous sollicitons en même temps l'abolition de la traite des negres, dont les hommes ne se sont emparés que pour faire injure à la déclaration des droits éternels de l'homme, traite barbare, que tout homme doit avoir en horreur. Tout intérêt doit reculer à l'aspec de l'humanité. Nous vous remercions de votre souvenir, étant bien fraternellement,

Frères et amis,

Les membres du comité de correspondance ; *signés* ; Michaud, maire, *président*, Colin, *homme de loi*, Devalet, *vice-président du directoire du district*, Violand, Jouffroy, Louis Perron ; Ballandier l'aîné.

Lettre

Lettre de la société des amis de la constitution du Mans à celle d'Angers.

Au Mans, 20 mars, 2ᵉ année de la liberté.

FRERES ET AMIS,

Votre lettre, lue dans une de nos dernieres séances publiques, a vivement ému nos coeurs. Le peuple qui y étoit présent y a répondu par de longs applaudissemens, preuve certaine que les grandes vérités sont senties de tout le monde, et qu'il est impossible de méconnoître de bonne foi les droits imprescriptibles de l'égalité et de l'humanité.

Les horreurs exercées envers nos freres, les gens de couleur libres des colonies, depuis long-temps ont déchiré nos entrailles. Nous avons éprouvé de justes alarmes en apprenant les manoeuvres des malveillans qui cherchent à faire décréter l'inactivité des mulâtres. L'infamie, dont ce décret contradictoire et barbare couvriroit notre auguste assemblée nationale, a inquiété notre patriotisme.

Nous vous avons prévenus, freres et amis, par une adresse au corps législatif, dans laquelle nous exposons le desir ardent et unanime dont nous brûlons, pour que le droit de citoyen soit accordé à nos freres les mulâtres, qui, membres de la même famille, travaillant comme nous à la rendre heureuse et florissante, doivent jouir aussi des mêmes avantages que nous, pour que nous n'ayons plus sous les yeux cette ligne horrible de démarcation qui conserveroit en nous le souvenir cruel des distinctions humiliantes de l'ancien régime. Nous avons manifesté nos craintes sur les suites funestes qu'auroit certainement une violation aussi évidente, des vrais principes, sur les ravages auxquels seroient en proie les colonies dans lesquelles le nombre des mulâtres l'emporte de beaucoup sur celui des blancs, ravages dont le moindre des maux seroit la perte des avantages considérables que nous retirons des colonies.

Recevez, freres et amis, nos sinceres remerciemens; votre lettre auroit sûrement opérée en nous la plus prompte conviction, si nous n'avions e bonheur d'être éclairé depuis long-temps sur une vérité aussi importante. Les sentimens qui y sont exprimés avec l'énergie la plus forte et la plus persuasive, ont resserré les noeuds de fraternité qui nous unissoient auparavant, quoique de la maniere la plus étroite ; et vous pouvez compter sur la sincérité avec laquelle nous serons jusqu'à la mort..

 Vos freres et amis, les membres de la société patriotique du Mans : *Signés*, PHILIPPAUX, *président* ; BOYER, *secrétaire* ; DROUARD, *secrétaire*.

P. S. Nous avons inséré dans notre adresse à l'assemblée nationale notre vœu pour l'abolition de la traite des negres· Nous espérons que quand il sera temps d'appuyer sur ce point important, tous nos freres se joindront à nous, et qu'il s'élevera une voix générale pour mettre fin aux atrocités inouies de cet infâme commerce.

Lettre de la société des amis de la constitution de Niort à celle d'Angers.

Niort, ce 20 mars 1791.

FRERES ET AMIS,

Si l'intérêt particulier n'imposoit silence à la bonne foi, il ne se trouveroit personne qui osât dire que la différence des couleurs en doit mettre entre les hommes ; le temps viendra, nous osons le croire, où ce système cruel disparoîtra. En attendant, nous n'avons pas seulement applaudi aux sentimens constitutionnels consignés dans votre lettre du 9 de ce mois, sur les hommes de couleur libres ; nous avons encore pensé qu'il étoit de notre devoir de joindre nos réclametions aux vôtres pour obtenir un décret digne d'un peuple qui sait apprécier la liberté. Oui, freres et amis, il est temps que cette classe d'hom...es, pour qui vous réclamez, concoure à tous les avantages de la société, puisqu'elle en partage les charges. Remplis de ces principes sacrés, nous n'avons pas balancé, après une discussion assez intéressante, à arrêter qu'il seroit écrit à l'assemblée nationale pour appuyer votre pétition. Ce qui a été fait sur le champ.

 Nous sommes, avec les sentimens de la plus sincere fraternité,

FRERES ET AMIS,

Vos très - humbles et freres,

les membres de correspondance de la société des amis de la constitution. *Signés*, C. G. DUFORT, *président*; FARCAULT, PHILIPPAIN fils aîné ; DELAROIS, *secrétaires*.

Lettre de la société des amis de la constitution de Libourne à celle d'Angers.

Libourne, le 23 mars 1791, 2e de la liberté.

FRERES ET AMIS,

Juger du prix, du mérite et de l'excellence des hommes, de la considé-ration dont ils doivent jouir dans l'ordre social, par la couleur de la peau ; c'est de toutes les balances la plus injuste, et de tous les microscopes, le plus infidele et le plus trompeur.

Aussi, n'est-ce pas ainsi que vous avez envisagé les hommes de couleur libres, habitans de l'île de Saint-Domingue, cette partie de nos colonies pour laquelle vous avez plus particulierement pris intérêt, parce que des relations particulieres, sans doute, ont fixé vos regards sur elle.

Liberté, propriété, industrie laborieuse, talens utiles, services recom-mandables, support des charges, dévouement pour la chose publique, fa-tigues, dangers courus, la gloire des troubles appaisés, cris de la justice et de l'humanité, ceux de l'intérêt et du bonheur général, dépouillement ho-norable d'aveugles préjugés dictés par de dangereuses passions, telles sont les bases et les grands objets qui ont fixé votre estimation ; et vous ne pou-viez mieux éclairer votre opinion.

C'est à la lueur de ces rayons, semblables à ceux du pere de la nature, que nous portons également nos regards sur la même partie d'hommes pour lesquels vous avez porté à l'assemblée la voix de vos réclamations pour faire participer ces mêmes hommes aux droits du citoyen actif, dont, selon nous, ile ne peuvent être privés, y ayant au contraire la part la plus méritée.

L'énumération rapide des motifs que nous venons de vous en donner, leur puissance qui entraîne nos suffrages pour eux, vous assure notre ad-hésion à vos démarches, que nous nous faisons un devoir de seconder comme vos freres et affiliés, si vous êtes disposés « nous recevoir et recon-npître également sous cette derniere dénomination, qui nous flatte et nous flattera.

Nous sommes avec toute la fraternité la plus cordiale,

FRERES ET AMIS,

Les membres de la société des amis de la constitution, n°. 1er., de Libourne.

B 2

Lettre de la société des amis de la constitution de Vannes à celle d'Angers.

Vannes, 26 mars 1791.

FRERES ET AMIS,

Nous vous faisons les plus sinceres remercïmens de la nouvelle occasion que vous nous avez fourni de plaider la cause de l'humanité et de la raison, et c'est avec le plus vif empressement que nous avons réuni nos voeux aux vôtres, pour demander à l'assemblée nationale que les hommes de couleur libres jouissent, aux mêmes conditions que les autres François, des avantages de la nouvelle constitution. Puissent nos augustes législateurs entendre nos voix, et rendre le décret désiré.

Nous sommes avec le plus fraternel et le plus inviolable attachement,

FRERES ET AMIS,

Vos amis et freres,

les membres de la société des amis de la constitution de Vannes.

Signés, BACHELOT, *président*; CALLET, *secrétaire*; BOURGERET fils, *secrétaire*; CURO, *secrétaire*.

Lettre de la société des amis de la constitution de Coutances à celle d'Angers.

Coutances, 23 mars 1791.

FRERES ET AMIS,

Nous avons reçu votre lettre du 9 courant, par laquelle vous nous prévenez que vous venez de présenter à l'assemblée nationale une adresse en faveur des gens de couleur libres; nous l'avons lue dans une de nos séances avec tout l'intérêt possible; notre façon de penser est conforme à vos principes; ils ont pour base la justice, la nature et les droits de tous les hommes, décrétés par l'assemblée nationale. Nous allons donner pareillement notre adresse à nos représentans, en faveur de ces hommes si injustement persécutés, pour les faire jouir comme nous des droits de citoyen actif, et nous sommes ïben persuadés que nos freres de toutes les sociétés des amis de la constitution, vont se réunir pour obtenir de l'assemblée nationale le décret de justice et d'humanité , qui est déjà gravé dans le coeur de nos dignes représentans.

Nous sommes très-cordialement ,

FRERES ET AMIS ,

Vos affectionnés serviteurs ,
Les amis de la constitution.

Signés , Macé, *président* ; Picquel , *secrétaire*.

Lettre de la société des amis de la constitution de Lisieux à celle d'Angers.

Lisieux, ce 29 mars 1791.

FRERES ET AMIS,

Nous avons reçu avec la plus grande joie le gage précieux de vos sentimens d'humanité pour nos frères les gens de couleur, qui sont propriétaires dans nos îles ; et contribuent à toutes les dépenses publiques. Nous y adhérons avec bien du plaisir, et nous vous envoyons ci-joint copie de l'adresse que nous avons fait parvenir à ce sujet à l'assemblée nationale.

Nous sommes dans les sentimens de la plus tendre fraternité ,

FRERES ET AMIS,

Les membres du comité de correspondance.
Signés , Margeot, Vandon , *prêtres* ; le Roux , *prêtre* ; Loisel.

Copie de l'adresse du club de Lisieux à l'assemblée nationale.

AUGUSTES REPRÉSENTANS,

Tandis que l'empire ne reconnoît plus de limites, que de la capitale françoise jusqu'aux provinces les plus reculées, tous réclament les droits de la nature ; que l'homme secoue avec courage le poids accablant du despotisme , une partie du genre humain sent plus que jamais appésantir ses chaînes ; des malheureux Africains , enlevés et transportés dans nos colonies , offrent le contraste le plus frappant avec les principes que nous professons.

Comment en effet accorder cette fierté républicaine, avec la verge tyrannique sans cesse levée sur eux ; le despotisme est-il donc indestructible ? Et comme tout être physique , ne disparoît-il d'un lieu , que pour se représenter sous un mode différent , dans une région plus éloignée , en se re-Nétant des principes malfaisans qu'il rencontre ?

Pourriez-vous , augustes représentans , illustres fondateurs de notre liberté , pourrez-vous n'éprouver qu'une pitié stérile , en contemplant le tableau révoltant des cruautés que la soif des richesses fait exercer à des hommes barbares sous les climats brûlans de la zône torride , et pourrez-vous vous laisser entraîner par ces prétendus politiques , perpétuels antagonistes de l'humanité.

Non , coeurs générex , coeurs sensibles , vous serez vivement émus du sort de ces infortunés , vous apporterez des soulagemens à leurs peines, en adoucissant au moins par des loix bienfaisantes , le poids rigoureux de leur esclavage.

Une classe d'hommes parvenus de cette première , demande à grands cris le droit de défendre ses intérêts dans les assemblées coloniales , et cette prétention vous paroîtra d'autant plus justes , que d'après les principes équitables que vous avez établis, tout citoyen supportant les charges de l'état , doit par cette raison participer aussi aux avantages de notre constitution.

C'est donc , augustes représentans , les justes réclamations des gens de conleur libres , propriétaires de nos colonies, et en général la cause de l'humanité souffrante , que nous allons vous exposer : faire des heureux, voilà votre tâche ; vous en offrir l'occasion , voilà la nôtre. Quelle plus douce occupation !

Tel est le but vers lequel dirigeant nos instances, nous vous prions de vouloir bien les prendre en considération.

Le premier pas à faire en faveur de la servitude des noirs , seroit d'affoiblir la cruauté des châtimens , de déterminer les punitions indulgemment proportionnées aux délits , parce qu'il est sensible qu'on ne doit point espérer qu'un esclave qui n'agit que par des impulsions étrangéres puisse avoir la même intelligence , la même économie , la même activité , le même courage , que l'homme qui a en perspective le produit entier de ses peines.

Il faudroit que le temps et la quantité de travail, celle de leurs vêtémens, leur nourriture , leur logement fussent également déterminés.

Que la liberté fût accordée aux negresses qui auroient élevé un certain nombre d'enfans. Rien n'égaleroit un tel appas dans leur coeur: animée par l'espoir d'un si grand avantage, auxquelles toutes aspireroient sans cependant y parvenir aisément, feroit succéder à la fainéantise et aux vices, la louable émulation d'élever avec soin des enfans, done le nombre et la conservation assureroient aux planteurs la tranquillité et l'abondance.

Il seroit encore important, pour éviter les désertions, les vols, les assassinats commis par les negres fuians, ce qui arriveroit rarement par les douceurs continuelles qu'ils trouveroient dans leur habitation, que les colons fussent tenus d'avoir, dans leur atelier, un nombre égal d'hommes et de femmes, pour les déterminer entierement à garder leur cabane, point du quel ils se sont toujours écartés, en préférant les mâles, pour l'avantage de leur exploitation.

C'est enfin par un nouveau code noir qu'on parviendroit à améliorer le sort des negres, et éteindre une infinité d'abus commis à ce sujet par le gouvernement.

Peut-on voir un brigandage aussi odieux que celui qui s'exerce encore, lorsqu'un habitant satisfait de l'attachement, du service de son esclave, veut lui donner la liberté, pour prix de ses bons offices, il ne peut la lui accorder qu'en ajoutant au sacrifice de l'esclave, une somme exigée par les officiers des places, qui se monte quelquefois à la moitié de la valeur réelle de l'esclave : ce qui refroidit la reconnoissance des maîtres pour leurs serviteurs, et par conséquent, perpétue l'esclavage de ces derniers ; car s'il arrive que l'esclave soit saisi, quoique portant le billet de liberté de son maître, qui n'auroit pas rempli cette formalité pécuniaire, il est confisqué au profit du roi, ou plutòt, au profit du gouvernement.

Mais pour que l'observation d'un tel code fût exact, il faudroit qu'on procédât chaque année, dans nos colonies, à l'élection de deux commissaires par quartier, dont un blanc et un homme de couleur, libre, auxquels les plaignans s'adresseroient, et qui feroient en quelque sorte les fonctions de nos juges de paix, et cela sans frais, et conjointement avec les notaires de chaque quartier.

Par cette modération humaine et politique, on arriveroit par dégré à adoucir les peines de la servitude des noirs, à rendre peu à peu à l'agriculteur colonial une partie de ses droits pour en obtenir plus sûrement le tribut des devoirs qu'on lui impose.

La conservation d'un plus grand nombre d'esclaves enlevés à nos colonies , par des maladies presque toujours occasionnées par de mauvais traitemens de toute espece , seroit l'heureux résultat de cette sage économie , car il est constant que , sans ce nouvel ordre des choses , elles seront bientôt dépeuplées de cultivateurs , puisque par le calcul très-bien démontré de M. d'Estourneaud , fait en 1785 , de dix millions d'esclaves tirés des plages malheureuses de l'Afrique , il ne nous en reste dans nos colonies que seize cent mille.

Il est de plus constant encore , par la difficulté , la lenteur des traites , et par le témoignage des navigateurs de la côte de Guinée , que cette mine d'esclaves si abandonnante autrefois , tarit de jour en jour; ce qui d'montre d'une maniere palpable combien l'intérêt et l'humanité ont de motifs pour conserver ces restes précieux et infortunés de tant de millions d'hommes.

D'après ces réformes , dictées par des sentimens d'une telle importance , nous allons vous soumettre , augustes représentans , celle que la justice demande à grands cris , en faveur des gens de couleur , le droit de citoyen actif.

Qu'auroient donc à vous opposer d'ambitieux politiques , contre une réclamation si équitable ?

Un antique préjugé , des priviléges , des distinctions qui doivent disparoître aussi promptement que l'éclaire , aux yeux de la raison et de la saine philosophie.

Sur quoi sont-ils fondés , ces avantages ?

Sur la pusillanimité du peuple qu'ils offensent. Ne craignent-ils pas que , secouant une fois le despotisme occidental , ravageant les propriétés de ses tyrans , bouleversant les colonies entieres , ils ne disent , avec l'illustre Voltaire : *A tout cœur outragé , la vengence est permise.*

Evitez-nous , augustes représentans , évitez-nous ces catastrophes sanglantes ; ôtez à ces frénétiques le glaive dont ils peuvent se frapper , et corrigez , par de sages lois , le délire de la cupidité.

Que ces hommes , qui ne different des autres que par la dissemblance de l'épidémie , recouvrent entierement les droits imprescriptible de la nature.

Que les mulâtres , carterons , mistifs et sang-mêlés , une fois libres et propriétaires , jouissent des avantages de notre heureuse constitution.

Mais pour que leur parti , par une telle institution , ne devienne pas le

parti

parti prépondérant, et que l'équilibre, cette loi, qui conduit tout à la suprême perfection, règne aussi dans les assemblées coloniales ; il nous paroît indispensable d'augmenter beaucoup, quant aux colonies et aux gens de couleur, la somme fixée pour l'éligibilité en France, ou plutôt, ce qui seroit plus conforme au principe de l'égalité, que sur un nombre déterminé d'administrateurs à élire dans les assemblées coloniales, il en fût pris moitié parmi les blancs, et moitié parmi les gens de couleur qui seroient élus respectivement les uns par les autres, et de la même maniere que les élections en France.

Il faudroit que les emplois, les places leur soient ouverts, qu'ils puissent ester et s'opposer en justice à l'oppression de leurs ennemis, qu'ils puissent indistinctement être reçus dans toutes les compagnies des milices des colonies, et ne fassent point, comme par le passé, des compagnies particulieres ; que dans les assemblées, les spectacles publics, ils ne soyent point rélégués en quelque sorte, comme à présent, dans des places qui leur sont destinées, qu'ils s'asseyent sans crainte d'insulter dans les hôtels publics, à la table des blancs ; qu'enfin, ils jouissent pleinement de cette liberté, de cette égalité précieuse, tombeau de la discorde et des dissentions sociales.

C'est par de tels bienfaits, augustes représentans, que nous professerons véritablement une unité de principes, que nous actions seront conformes à notre langage, que le titre de freres ne sera point usurpé, que vos lauriers sans cesse verdoyans, étonneront l'univers, et que nos annales apprendront à la postérité la plus reculée, combien la nation françoise méritoit incontestablement l'estime de toutes les autres nations.

Nous sommes avec respect,

ILLUSTRES REPRÉSENTANS, etc.

Signés, MARGEOT, *président* ; BONJEOT, *secrétaire* ; LE ROUX, *prêtre*, *secrétaire*.

Lettre de la société des Amis de la constitution de Riom à celle d'Angers.

Riom, département du Puy de Dôme, ce 24 mars 1791.

FRERES ET AMIS,

LORSQUE nous avons reçu votre lettre circulaire, nous étions occupés à rédiger une adresse à l'assemblée nationale pour solliciter auprès d'elle une prompte interprétation de son décret du 28 mars. Comme vous, nous avions été touchés de la justice de la cause des sang-mêlés et de leur malheur. Comme vous, nous avions senti que c'eût été porter atteinte à notre liberté, et indigne des amis de la constitution, que de garder le silence dans une si belle cause.

Nous vous prions, freres et amis, d'accepter copie de notre adresse. Puissions-nous nous rencontrer toujours comme dans cette circonstance, et coopérer avec vous au bonheurs des sang-mêlés !

Nous sommes avec le plus sincere attachement ,

Les membres composant le comité de correspondance,
Signés , TAILHAND ; ex-président ; CROISIER , sécrétaire.

Copie de l'adresse de la société des amis de la constitution d'Angers
à l'assemblée nationale.

Angers , 8 mars 1791.

AUGUSTES REPRÉSENTANS,

DES abus de tous les genres défiguroient depuis plusieurs siecles le plus bel empire de l'univers ; ces abus avoient tous leur source dans l'oubli des droits de l'homme ; ils ont disparu pour jamais, sitôt que ces droits sacrés et imprescriptibles ont été solemnellement reconnus.

Pourquoi faut-il que plusieurs milliers de nos freres , séparés de la mere-patrie par l'immensité des mers , ne jouissent pas des mêmes avantages ! Pourquoi faut-il que l'odieuse distinction des castes , ayant été supprimée parmi nous , subsiste encore dans nos colonies d'Amérique !

Sans doute qu'il seroit dangereux peut-être de vendre tout-à-coup la liberté à des hommes flétris depuis long-temps par les chaînes de l'esclavage ; sans doute qu'il seroit peut-être encore plus dangereux d'investir des droits de citoyen actif , et d'élever aux différens emplois de l'administration, ces êtres infortunés qui, transporté , n'aguères du sein de l'Afrique, sont à peine en état de se laisser conduire.

Mais quel danger, quel inconvénient même y auroit-il à accorder ces droits incontestables aux hommes de couleur libres qui , par leurs sentimens et par leur éducation , ne diffèrent point des blancs dont ils tirent leur origine , et qui possédant la plus grande partie des terres de nos colonies , sont le plus intéressés à la prospérite publique.

Ah ! sans doute , il n'y en auroit aucun ; il y en auroit plutôt à les leur refuser , et à réduire au désespoir un peuple qui sent que la justice est pour lui , et que cette justice est conforme à vos principes.

Mais ce n'est point seulement votre justice qu'ils réclament en ce moment ; c'est cette humanité , dont vous avez donné des preuves si éclatantes , et qui vous a mérité à tant de titres , moins le nom de *législateurs*, que celui de *peres de la patrie*.

Hélas! les ennemis de tout bien vous laissent peut-être ignorer qu'Ogé et ses braves compagnons , pour avoir voulu obtenir par la voie des armes , ce qu'ils avoient inutilement réclamé, vos décrets à la main , ont perdu sur un échafaud leur misérable vie, ou gémissent sous le poids des chaînes. Ils vous laissent ignorer, les cruels! qu'il est défendu à tous les hommes de couleur libres de se trouver plus de deux ensemble , sous peine d'être immolés sur le champ; ils vous laissent ignorer, enfin , que ceux d'entre les blancs , qui s'intéressent à leur sort , n'osent , sans s'exposer aux plus grands dangers , ni prendre leur défense , ni vous faire entendre leurs justes réclamations.

O législateurs ! par-tout des échafauds sont dressés ; par-tout des bourreaux impitoyables tiennent la hache levée sur ces misérables victimes. Hâtez-vous de prononcer sur le sort de ces infortunés qui vous tendent, d'au de-là des mers , des mains suppliantes. Hâtez-vous , le temps presse ; prévenez le plus terrible des malheurs; épargnez un nouveau crime à l'Europe, et un opprobre éternel au nom françois.

Nous sommes avec le plus profond respect,

A u g u s t e s r e p r é s e n t a n s ,

Vos très-humbles et très-obéissans serviteurs ,

Les amis de la constitution.

Signés , Joseph Delaunay , *président* ; Benaben , *secrétaire*.

O B S E R V A T I O N S.

Le peu de temps qui nous reste , et la nécessité de faire connoître à l'assemblée les sentimens des principales villes de France avant la décision qui peut être portée mercredi 18 mai, nous empêche de publier une foule d'autres adresses semblables , et plusieurs dans le même genre , écrites à la société des amis des noirs de Paris, par les trente-un clubs popuaires de Lyon , le club central de Condrieux, le cercle social, etc.

DE L'IMPRIMERIE DU PATRIOTE FRANÇOIS.